Las cosas que me gustan

Me gusta pintar

por Meg Gaertner

www.littlebluehousebooks.com

© 2023 por Little Blue House, Mendota Heights, MN 55120. Todos los derechos reservados. Ninguna parte de este libro puede ser reproducida ni utilizada de ninguna manera ni por cualquier medio sin el permiso escrito de la editorial.

Traducción: © 2023 por Little Blue House
Título original: I Like to Paint
Texto: © 2023 por Little Blue House
Traducción: Annette Granat

La serie Little Blue House es distribuida por North Star Editions.
sales@northstareditions.com | 888-417-0195

Este libro ha sido producido para Little Blue House por Red Line Editorial.

Fotografías ©: Imágenes de iStock: portada, 4, 6–7, 9, 11, 13, 14–15, 16 (esquina superior derecha), 16 (esquina inferior izquierda); imágenes de Shutterstock: 16 (esquina superior izquierda), 16 (esquina inferior derecha)

Library of Congress Control Number: 2022912433

ISBN
978-1-64619-686-9 (tapa dura)
978-1-64619-718-7 (tapa blanda)
978-1-64619-781-1 (libro electrónico en PDF)
978-1-64619-750-7 (libro electrónico alojado)

Impreso en los Estados Unidos de América
Mankato, MN
012023

Sobre la autora

Meg Gaertner disfruta leer, escribir, bailar y hacer actividades al aire libre. Ella vive en Minnesota.

Tabla de contenido

Me gusta pintar **5**

Glosario **16**

Índice **16**

Me gusta pintar

Uso mis manos.

Uso mi pincel.

Uso mi vaso.

Uso mi pintura.

Uso mi papel.

papel

Uso mi delantal.

Glosario

manos

pincel

papel

vaso

Índice

D
delantal, 14

M
manos, 5

P
pintura, 10

V
vaso, 8